Zhongguo Wenhua
Zhishi Duben

中国文化知识读本

燕赵文化

主编

金开诚

编著

刘 蕊

吉林出版集团有限责任公司

吉林文史出版社

图书在版编目（CIP）数据

燕赵文化 / 刘蕊编著 . —长春：吉林出版集团有
限责任公司：吉林文史出版社，2009.12（2022.1 重印）
（中国文化知识读本）
ISBN 978-7-5463-1269-9

Ⅰ . ①燕… Ⅱ . ①刘… Ⅲ . ①文化史－河北省 Ⅳ .
① K292.2

中国版本图书馆 CIP 数据核字（2009）第 223038 号

燕赵文化

YANZHAO WENHUA

主编/ 金开诚 编著/刘蕊

项目负责/崔博华 责任编辑/曹恒 崔博华

责任校对/王文亮 装帧设计/李岩冰 刘冬梅

出版发行/吉林文史出版社 吉林出版集团有限责任公司

地址/长春市人民大街4646号 邮编/130021

电话/0431-86037503 传真/0431-86037589

印刷 / 三河市金兆印刷装订有限公司

版次/2009 年 12 月第 1 版 2022 年 1 月第 4 次印刷

开本/650mm×960mm 1/16

印张/8 字数/30千

书号/ISBN 978-7-5463-1269-9

定价/34.80元

关于《中国文化知识读本》

　　文化是一种社会现象，是人类物质文明和精神文明有机融合的产物；同时又是一种历史现象，是社会的历史沉积。当今世界，随着经济全球化进程的加快，人们也越来越重视本民族的文化。我们只有加强对本民族文化的继承和创新，才能更好地弘扬民族精神，增强民族凝聚力。历史经验告诉我们，任何一个民族要想屹立于世界民族之林，必须具有自尊、自信、自强的民族意识。文化是维系一个民族生存和发展的强大动力。一个民族的存在依赖文化，文化的解体就是一个民族的消亡。

　　随着我国综合国力的日益强大，广大民众对重塑民族自尊心和自豪感的愿望日益迫切。作为民族大家庭中的一员，将源远流长、博大精深的中国文化继承并传播给广大群众，特别是青年一代，是我们出版人义不容辞的责任。

　　《中国文化知识读本》是由吉林出版集团有限责任公司和吉林文史出版社组织国内知名专家学者编写的一套旨在传播中华五千年优秀传统文化，提高全民文化修养的大型知识读本。该书在深入挖掘和整理中华优秀传统文化成果的同时，结合社会发展，注入了时代精神。书中优美生动的文字、简明通俗的语言、图文并茂的形式，把中国文化中的物态文化、制度文化、行为文化、精神文化等知识要点全面展示给读者。点点滴滴的文化知识仿佛繁星，组成了灿烂辉煌的中国文化的天穹。

　　希望本书能为弘扬中华五千年优秀传统文化、增强各民族团结、构建社会主义和谐社会尽一份绵薄之力，也坚信我们的中华民族一定能够早日实现伟大复兴！

目录

一　孕育燕赵文化的自然环境、人文环境

黄河流域

　　燕赵文化主要是指以河北地域为依托，历史上人与自然及由人们之间相互关系而形成的特定的生活结构体系，即河北大地上形成的物质文化、制度文化、思想观念、生活方式的总称。

　　"燕赵"作为一个地域概念，在历史上有广义和狭义两种界定。

　　广义"燕赵"，泛指北起阴山南麓，南达黄河，西至太行山，东临渤海，包括今河北、北京、天津、辽宁、内蒙古自治区中南部以及山西北部、山东、河南的部分地区。

　　狭义的"燕赵"，指今天的河北省。由于现今的河北省在战国时分属燕、赵、中山以及魏、齐等国，其中以燕、赵最为著名，所以河北有燕赵之称。随着北京成为首都、天津被划分为直辖市，并分别建立了京都文化、天津文化后，燕赵文化就成了河北地域文化的代名词。

河北位于黄河以北，背山面海，是全国唯一兼具高原、山地、平原、盆地和海洋的省份，其地势从西北到东南形成高原——群山——平原的有序排列。北部，燕山山脉削弱了来自西伯利亚的寒流对坝下的侵袭，同时，又将顺滦河、潮河流域上溯的海洋性季风、温暖气流阻挡于坝下，使坝下地区的雨量充沛、气候温润，有利于植物的生长和动物的繁殖。中南部，大

中国第二大平原——华北平原

孕育燕赵文化的自然环境、人文环境

华北平原地势平坦，适于
农业发展

部分地区为冲积性黄土平原，适宜于发展农业经济。太行山东侧的滹沱河冲积扇和山麓平原地带，地势低平，排水条件好，地下水资源丰富，也是适于耕作的地区。尤其是秦始皇时所修的驰道，有一条沿太行山东麓北上，经邯郸、中山而至于蓟，交通的便利和由此而带来的发达的商业，频频刺激着小农经济"鸡犬之声相闻，老死不相往来"的封闭式意识。燕赵的先民们就是在这种优越的地理条件和天赋的生存环境之中，品饮着自己的生活，积极地、系统地创造了在全世界遥遥领先的农业文化。但是这里也有着险恶艰难的生活：由于土壤含盐碱较多，呈现白

色，故河北在历史上就有白壤之说。需要说明的是，即使太行山平原的富庶地区，其土质也缺乏黄土高原经典黄土"自行肥效"的能力，为了治理土壤的盐碱化，古代劳动人民进行了不懈的努力。河北的气候虽属北温带，但南北温差大，降水量分布不均匀。加之古河北的平原之地正处于济水、黄河之间，"洪水横流，泛滥于天下"，以及河流泛滥、水土流失造成了宽梁巨壑，太行山刀劈斧砍，岩石裸露的高崖深谷等。

特别是地处中原农耕文化与北部游牧文化的中间地带，长城内外，汉胡杂居，虽有经济文化上的友好往来，但更多的是

孕育燕赵文化的自然环境、人文环境

狼烟烽火，兵戎相见。古老的燕赵又处在一个必须时时防范掠夺战争和没有规则的时而干旱、时而水害的逆境里。燕赵儿女正是在这样的环境中，筚路蓝缕，以启山林，不畏艰苦，刀耕火种，与环境抗争，用自己勤劳的双手，在荆棘丛生的广袤荒原上犁出了一片片文明的处女地，在历史文化上划出了一道道勤劳勇敢、顽强坚韧的印记。

太行山和燕山山脉是燕赵区域的西界和北界。由于燕赵区域东面濒海，太行山和燕山就成为除黄河以外界定燕赵区域的重要标志。

雄伟磅礴的太行山

从文明的发展进程上看，太行山和燕山山脉具有其独特的作用。从新石器时代直到战国秦汉时期，燕赵区域内的先民居住点和人口聚居的城邑，都是沿着太行山东麓一线和燕山南麓一线排列的。文明起源和发展于山脚，那里有条条小河和道道山谷，为文明的存在和发展提供了良好的环境保障。而在深山之中，平原深处以及像黄河那样的大河附近，先民的居住点和城邑就十分稀疏。不过，并不能认为燕赵文化是一种山岭文化，它仍然是平原文化。太行山和燕山只是为燕赵文化的形成和发展提供了独特环境，并具有了独到的特色。

太行山区风景

在民族冲突剧烈时，太行山和燕山是保护内地的天然屏障；在和平到来时，通过山海关和桑干河谷等众多通道，平原内地与山外草原之间可进行广泛的交流。在新石器时代以来的各个历史时期的文化、文物中，都可以明显地看出燕赵文化所夹杂的草原游牧文化色彩。

太行山和燕山都是一条山脉，其横向的宽度有限，可以在短时间内越过。在这里没有可能产生出独立的山岭文化，太行山和燕山都只是内地与草原之间的交叉和

孕育燕赵文化的自然环境、人文环境

黄河黄昏景观

过渡。这里的经济是半农半牧式的，文化是半内地半草原式的。

河北省简称为冀，其渊源来于冀州，是《尚书·禹贡》所记载的古九州之一。冀州的范围起初很大，包括今山西大部和山东西北部在内。在冀州成为一级正式的行政设置以前，它是一个地区的泛称，其界线划分比较模糊，唯一可以确切作为标志的就是黄河。《尔雅·释地》和《周礼·职方》二书都说"两河间曰冀州""河内曰冀州"。事实证明以黄河等大河、大山自然屏障来划分地区以及这一地区的文化是十分有效的，具有一种模糊的准确性。比用某一时代的行政设置来划分更加确切，也更加稳定。

二　燕赵文化的发展走向

河北是古老的，在这片人杰地灵的土地上，文化的发展历程漫长而跌宕起伏。其源头上溯炎黄，到了战国时代，以"慷慨悲歌"为稳定标志的燕赵文化一直与繁荣活跃的河北经济相伴相生；河北又是年轻的，开放性和包容性是燕赵文化的传统特征，革命性是燕赵文化的现代特征，大约从元代开始，河北已成为吸纳域外文化并向外辐射的重要基地。近代以后，燕赵文化焕然一新，并达到了自己文化变革的高潮，成为中华文化与近代西方文明交汇的聚集地和集散地，中国现代文化的策源地，五四新文化运动的发祥地，马克思主义最早在中国传播的中心，直至新

燕下都遗址

燕赵文化

民主主义革命时期铸就的西柏坡精神的诞生地。

（一）燕赵文化的孕育和萌芽

据考古发掘的资料分析，燕赵文化的源头可追溯到一百万年前的旧石器时代。从阳原县泥河湾遗址群出土的一千余件石制器，可以知道早在一百六十万年前，河北就是远古人类的聚集地。特别是在于家沟发现的距今一万多年的陶片，表明在经历了上百万年的历史长夜之后，燕赵的先民们以陶石器为火炬，在燕赵大地上点燃了一条地上的银河，使艰涩的历史在人的创造实践中豁然开朗，人类从这里走来。燕赵文化的萌芽以新石器时代距今一万年的磁山文化为起点，中间经过兴隆洼文化、北福地文化、红山文化、河北仰韶文化、河北龙山文化等。这一阶段，燕赵先民在物质文化、制度文化和精神文化等方面都有建树。其中磁山文化和正定南阳庄文化最为丰富，它们向世界展示了农耕文化、蚕桑文化的辉煌历史。磁山文化证明河北人早在七千八百年前已开始了以种植为主的农业生产，比文献记载提前了两千三百

磁山文化陶器

年。这一发现使得学术界一致承认华北是
粟作农业的起源地。正定南阳庄出土的
距今五千五百多年人工养殖蚕蛹的陶制模
型，不仅证明河北是世界原始瓷器制造技
术和人工饲养家蚕的发祥地，也证明中国
人工养蚕的历史比传说中黄帝时代要早得
多。原始农业的发展，带动了经济、文化
和社会的全面发展，华北不仅是世界上少
数几个农业发源地之一，而且是世界上最
先进入文明社会的少数几个地区之一。古
文献所载的有关河北的历史传说也为燕赵
文化的形成和发展提供了条件。大约四千
多年前，居住在西北部的黄帝族向东迁移
到今河北涿鹿一带，过着来往不定的游牧
生活。在与临近部落的交往中，曾发生过
几次大的战争。如黄帝、炎帝部落联合起
来与蚩尤部落的"涿鹿之战"，炎帝、黄
帝部落的"阪泉之战"。炎、黄、蚩尤三
大原始部落在河北经过激烈的冲突后，相
互融合，成为活动在燕赵最初的华夏族。
这些记载和传说，可能并不可靠，或不尽
可信。传说中的三帝，究竟是普通人还是
神话传说人物，一直没有得到考古学的印
证。但形成传说的本身就已经是一种文化

炎帝陵

商代青铜兽面纹罍

现象、文化形态，折射出一种文化传播的久远历史，它深刻地影响着汉民族的生存和发展，是中华民族文化的源头。

（二）燕赵文化的形成与发展

夏、商、西周、春秋是燕赵文化形成和发展的重要时期。这一阶段，以青铜器、铁器、牛耕、分封制为标志。河北曾是夏、商活动和建国立都的所在地。相传易水曾是夏代有易氏从事政治、经济活动的区域。藁城市台西村商代遗址的出土文物显示了商代文化的丰富多彩。当时的先人已掘井取水，摆脱了沿河流居住的状况，开拓了活动的领域，会驯养牲畜、从事耕作和运输，住房已发展到地上，铜已广泛使用于兵器、祭器、食器中，会制作胎薄施彩的漆器、金玉器等。已有了规模很大的祭祀建筑和酿酒作坊，出现了世界上最早的铁制兵器——铁刃铜钺、医疗器具——砭镰、陶砭和铁矿石和铁矿渣。此外，出土的丝制品代表了三千四百年前中国丝织技术的最高成就。商末，河北的中南部是殷商的王畿之地，当时南距朝歌，北至邯郸、沙丘 (今广宗县西北大平台)，都为商王的离宫别馆，这里有粮仓、钱库，有苑台、猎场，已是一个具有相当规模的都市。史载，河北不但是商民族的起源地，也是商代文字、音乐的起源地。文字和音乐的出现，表明燕赵文化已发展到较高的程度。周时，在今河北地区分封燕、孤竹、

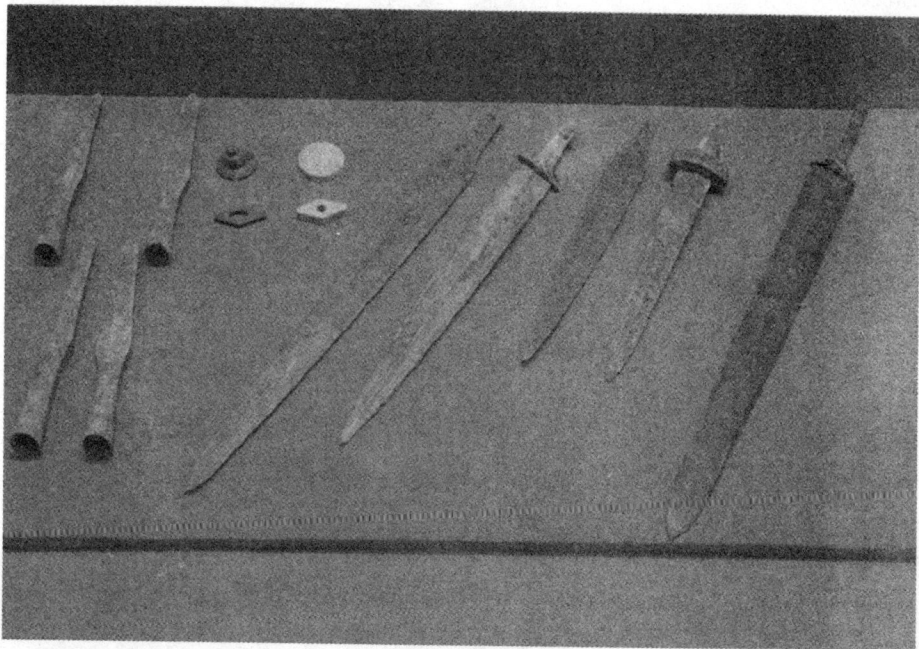

青铜兵器

燕赵文化的发展走向

代、鲜虞等国。这些封国的燕赵文化脉理探析发展或消亡为燕赵文化的兴盛奠定了坚实的基础。特别是燕文化培植的漫散的文化因子，从无型诱合到有型凝聚，从原生发展到多元融合，不仅影响了整个燕赵文化早期的形成和发展，而且以其强大的生命力和巨大的辐射力，直接影响到秦汉以后河北社会的各个层面。在后来燕赵文化的发展史上，我们不难清晰地识别出这条轨迹。

（三）燕赵文化的兴盛与繁荣

从战国至汉唐时期，燕赵文化在发达的经济、政治和学术的烘托下，呈现欣欣向荣的景象。战国时，燕国离兼并战争的中心较

古代青铜器雕刻精美的花纹

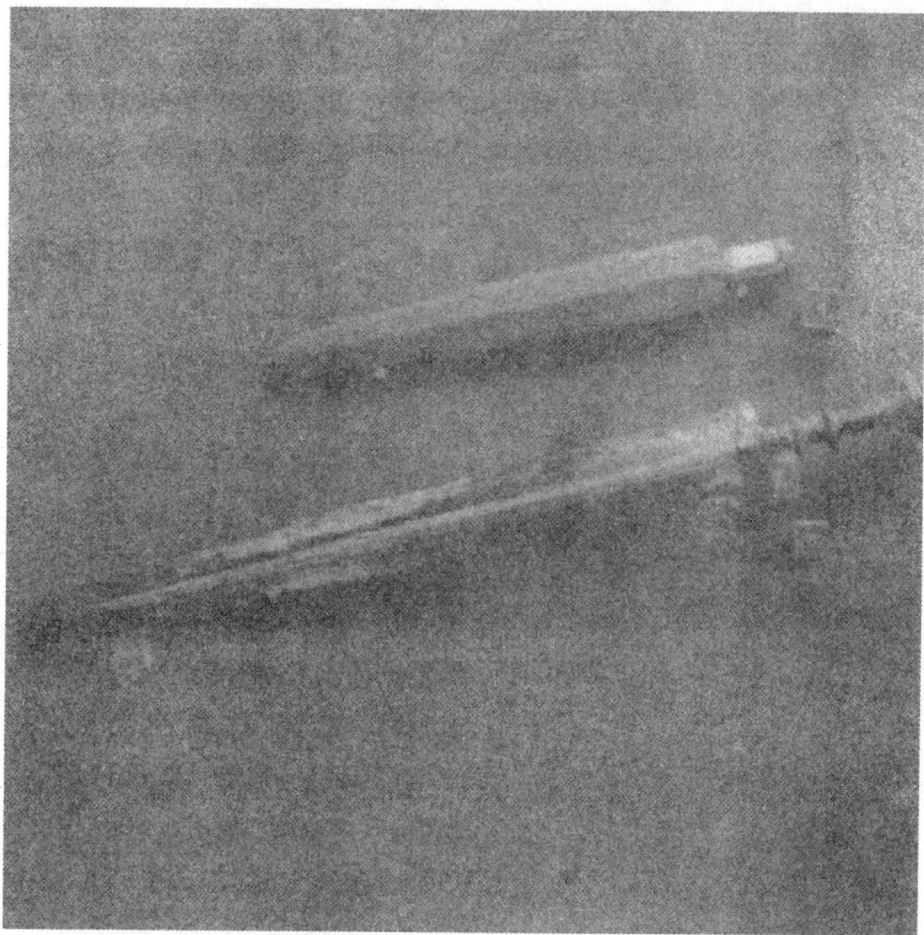

青铜兵器

远，在秦国采取远交近攻政策无暇顾及自己的机会中快速发展，到燕昭王时奋发图强、广纳人才、励精图治而强盛起来，一时雄踞北方，成为战国七雄之一。其时拥有的疆域，以今天的北京地区为中心，领有河北省的北部、内蒙古的中南部、山西省的东北部、山东省的西北部及辽宁省西部的广大地区。起于赵、韩、魏三家分晋

赵国国都旧址

而立的赵氏政权，战国时迁都邯郸，经过几代人的惨淡经营，特别是赵武灵王改革军事、胡服骑射、开放边地、巩固国防，跻身于战国七雄之列。赵惠文王继续实行富国强兵政策，攻取齐、魏土地，赵奢、廉颇等名将守土破秦，称雄一时。最强盛时期的疆土包括今河北省的中部和西南部、山西省的中部和北部、陕西省的东北部、山东省的西部、河南省的北部以及内蒙古的部分地区；战国时期的邯郸是当时的学术中心之一。聚集在邯郸的学者或著书立说，或辨章学术，或从政为官，使邯郸一时呈现出学术思想活跃、学术活动频繁的局面。著名的思想家荀况，长

期生活在赵国，著有《荀子》；游说之士虞卿，名辩家公孙龙、毛公，法家处子、慎到等都"各挟其说以鸣一时"，他们的思想能力和理论路径给当时的思想文化带来了丰沛的活力。中山国，原名鲜虞，由我国北方少数民族狄始建于西周。因初居鲜虞水（今源出五台山西南流注滹沱河的清水河）而得名。约在春秋末年改名中山国。建都在今唐县城西，后迁灵寿。与燕、韩、宋等五国同时称王，是战国时期仅次于"七雄"的强国。疆域北起由安新经徐水而西的燕长城，南至房子和郜（今赞皇、高邑一带），西起太行山麓，东到衡水。

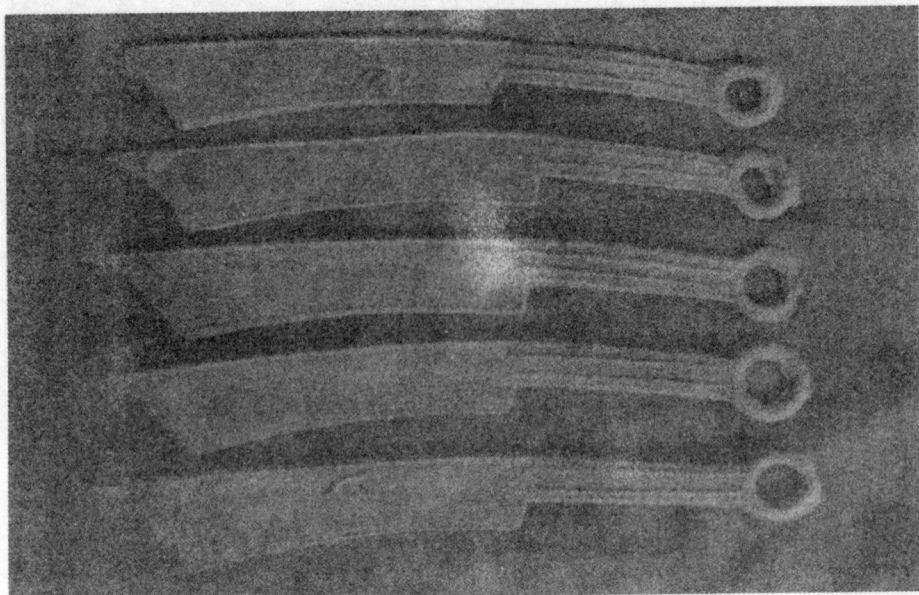

燕国尖首刀币

汉唐时期，河北战争不断。频繁的战争和代代不绝的移民，强化着燕赵文化，使慷慨悲歌的精神深深地渗融于燕赵人平凡而悲壮、沉稳而积极的日常生活与事业追求中，表现在方方面面，不时地闪溅着奇丽的火花，形成燕赵文化精神的主脉。

（四）燕赵文化的转型与完善

两宋以后，河北处于边塞之地，不仅文化开始向周边和南方转移，而且环境气候也开始由温暖转向寒冷。对优良生态环境的希求，对经济上处于附从地位、政治上得不到保护的无望，使燕赵文化慷慨悲歌的内涵更加独特。特别是在河北土地上频繁发生的战争，给燕赵文化带来了政治、经济、文化诸方面的交流，也促成了人民茹苦而博，顽强坚韧、骁勇善战、耿介聪明的品格。燕赵人更加成熟了，涌现出许多奇才、哲匠、学人、艺师，刚烈、果决、倔强的血性意志，深远开阔和与时俱进的思想观念，使他们站在了中国文化演进发展的前沿。元明清，北京作为全国政治、文化中心的京城渐渐定位在燕山脚下，燕赵成为"腹里""京畿"。被全国各地域文化装备得华彩熠熠的京都文化，铺天盖地般辐射、浸润着本已在自己的悬崖峭壁上对京都文化亦步亦趋、紧相跟随，但足迹时深时浅

燕下都遗址文物

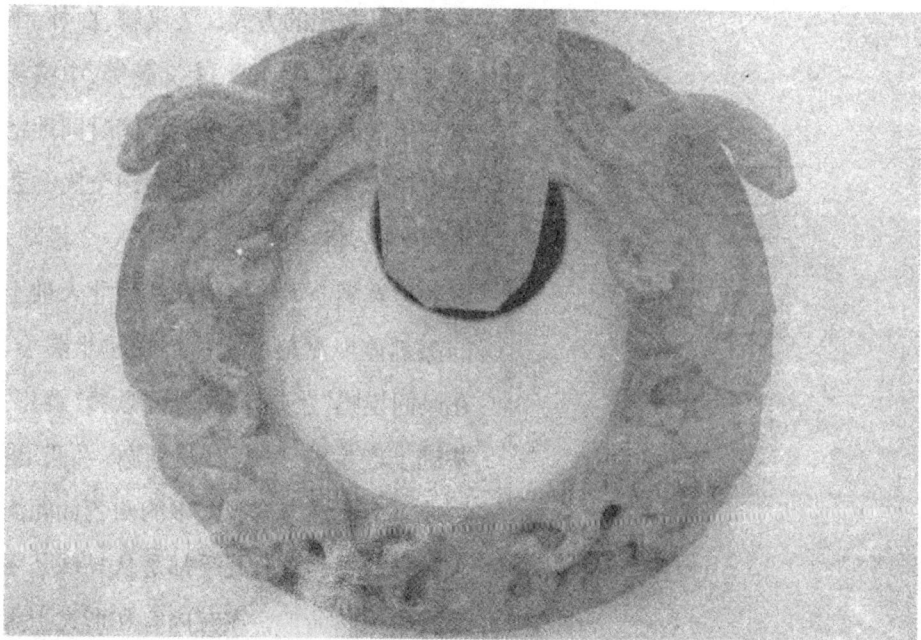

燕赵文化的发展走向

牛首兽面青铜器

的燕赵文化，使其中的原汁原味大量损蚀。因此，有些专家认为，金元明清时代的燕赵文化在京都文化的强辐射下变异了。其实，这种变异应该理解为燕赵文化中消极的、粗俗的东西的消失，积极、优秀的东西的升华。事实也正是这样，元代以后，趁着地域的优势和历史提供的机遇，燕赵文化呼啸雄起，慷慨悲歌精神在风云激荡中雄风凛凛、英姿飒飒，显示出更多的豪情、大气，引来了全国的注目。如元曲艺术之花在中国、在燕赵大地的勃然盛开，充分说明燕赵文化找到了更充分、更尽情、影响更广泛、更有生命力，也更具有时代感和历史导向性的表现自己文化的方式。关汉卿、白朴、王实甫、郑光祖、尚仲贤、李文蔚等，中国历史上还从来没有这么多天才同时同地把精力和才华倾泻在同一种面向全民的艺术创造上，将燕赵艺术推到了一个巅峰。再如，直到今天依然活跃在河北大地上的深刻体现燕赵文化精神的河北梆子，在民间说唱"莲花落"和民间歌舞"蹦蹦"基础上产生的评剧，以及老调、平调、皮影戏等河北地方戏，众多的曲艺如西河大鼓、乐亭大鼓等，几乎都是从异域艺术形式中脱胎而来，或在内容和形式上大量吸纳了

山海关老龙头

山海关城楼

异域文化的精华，但又独树一帜。

（五）燕赵文化的传承与拓展

鸦片战争之后，在近代忧患重重、内外交困的中华民族空前的历史危境中，燕赵文化中的爱国主义精神更加凸显，经世致用的治学传统更加强化，开放、包容的文化胸怀促成了张之洞等近代思想家的睿智，践履、崇实的实践信条成为李大钊等无产阶级革命家从事革命事业的牢固基础。在中国 20 世纪的政治、军事、文化、艺术舞台上，燕赵文化以其空前的风起云涌之势，大展雄姿，谱写下一曲曲气壮山河的乐章，展演出一幕幕鬼泣神惊的壮剧：面对帝国主义列强，在荆轲悲歌"风萧萧兮易水寒，壮士一去兮不复还"的燕下都河畔，燕赵儿女奏响了反帝爱国的乐章。义和团运动风起云涌；在"不食嗟来之食"的伯夷、叔齐的故乡——乐亭县，李大钊第一个在中国宣传十月革命，宣传马克思主义和社会主义学说，燕赵大地成了马克思主义最早在中国传播的中心；当卢沟桥的炮声响起后，古燕赵慷慨悲歌的土地又成为中国人民反抗外族侵略的主要战场，异常残酷的冀南"四二九"反"扫荡"，震惊中外的"百团大战"，千军万马强渡黄河挺进中原的大进军，继承了豪侠之风的燕赵儿女在这

河北乐亭风光

燕赵文化的发展走向

西柏坡一景

场惨烈而悲壮的战争中，为中国及全人类的历史上书写了开辟新纪元最光辉的一页；在解放战争中，曾是中山国大展雄风的平山县西柏坡，成为毛主席和党中央进入北平、解放全中国的最后一个农村指挥所，指挥三大战役在此，党的七届二中全会在此召开，这里成为中国共产党领导全国人民进行革命斗争的圣地，西柏坡红色精神光照全国，新中国从这里走来。

三 燕赵文化的基本特质

文化不仅具有时代性、民族性，而且具有地域性。时代性反映了文化发展演进的历史时间；民族性反映的是不同族类在实践活动中传承积淀而成的文化类型和精神特质；文化的地域性反映的则是文化的民族性（共性）在不同的自然地理空间、不同的社会人文空间所呈现的多样性。燕赵文化作为中华文化的重要组成部分，从历史传承和地域特征看，大体相当于今日行政区划所辖属的河北区域文化。这里所谈的燕赵文化，指狭义的燕赵思想文化。

山顶洞人曾在燕山脚下留下了历史文化遗迹

（一）源远流长的文化传承

远古时期，"北京猿人""山顶洞人"就在燕山脚下留下了历史文化遗迹。原始社会晚期，黄帝部落由渭水流域迁徙到当今河北省西北部，《史记》就有黄帝与炎帝"战于阪泉之野""与蚩尤战于涿鹿之野"的记载。可见，河北是中华文明的发祥地之一。我国古代第一部诗歌总集《诗经》中的《邶风》《卫风》，其部分诗篇即产生于河北南部。战国时期，燕、赵不仅成为独立的诸侯王国，而且以重义任侠、慷慨悲歌的燕赵风骨，屹立于七雄之林。汉代乐府民歌中的不少诗篇，如《战城南》《上邪》《有所思》《陌上桑》《饮马长城窟行》《孤儿行》等，即属于反映河北一代民风士气的燕赵民歌。

先秦、两汉时期诞生在燕赵大地的文人学士很多，如荀卿、慎到、公孙龙、董仲舒、李延年等，他们的哲学思想或散文诗赋，均曾在中国思想文化史上大放异彩。魏晋南北朝时则有地理学家郦道元，数学家祖冲之、郭守敬，文人张华、刘琨、卢谌等，他们的科学创新和文学创作，广为世人所知。唐代政治相对稳定，燕赵文化进一步发展。从文坛上看，唐初有"四杰"之一的卢照邻；武则天时有李峤、苏味道；盛唐时有高适、李颀、李华、李嘉、刘长卿、卢纶、司空曙；

前秦、两汉时期诞生在燕赵大地的文人学士很多

中唐有贾岛、卢仝、刘禹锡、崔护、张祜；晚唐有高蟾、卢汝珍等，没有他们，唐代的文学就会大为逊色。两宋时期，国家重文治，此种国策肇始于祖籍河北涿州的宋代开国皇帝赵匡胤。北宋，荆公新学、温公史学、三苏文学、二程道学等，学派分立，互有高下，至南宋思想文化一归于朱子学。从总体上看，此一时期国家政治文化重心南移。而燕赵文化传承，仍有拓展。河北籍学者李昉编辑《太平御览》《文苑英华》《太平广记》的文苑盛事，即其一例。另外还有一度在河北任官的欧阳修、苏洵、苏轼、黄庭坚、贺铸等外郡人士，也曾为燕赵文化发展作出贡献。

元明时期，燕赵大地戏剧词曲艺术异

大文学家苏轼曾在河北任官，留下不少佳作

燕赵文化的基本特质

峰突起。元曲三大活动中心有两个在河北境内，一为元大都（今北京）；一为真定（今正定）。约五十名著名的元曲作家中，河北就占三十一名。其中，伟大戏剧家关汉卿的剧作《窦娥冤》《蝴蝶梦》《望江亭》等历演不衰，影响深远。其他如白朴、王实甫也是举世公认的戏剧创作大师。还有刘因、蔡松年、赵秉文、王若虚、李治、元好问、完颜亮等，或理学、或诗文、或词曲，在燕赵文化传承中都占有一席之地。清代文化学术的主流是以训诂考据为特色的朴学，但性理、词章之学并未中断。在燕赵学者中，定兴鹿

《窦娥冤》剧照

关汉卿墓

善继、容城孙奇逢是清初理学的代表，"其学以阳明王氏为宗"，桐城派学者方苞称其为"百数十年间，北方真儒"（《望溪集》卷十四《重修阳明先生祠堂记》）。博野的颜元，生于穷乡，长于乱世，艰苦卓绝，力倡"习行"之学，是清初实学的杰出代表。颜元痛斥理学，鄙弃词章、考据，北方学风民气为之一振。乾嘉之际，朴学鼎盛，《四库全书》总编纂官纪晓岚为此时朴学兼词章之学的名流。同光年间，清廷主张洋务新政，张之洞则是晚清洋务派的后起之秀。他系统阐述了"中学为体，西学为用"的文化观，在近代中国影响深远。辛亥革命前后，先后废除科举制度和君主专制制度，

山海关老龙头

经学时代宣告终结，"重新固定一切价值"的新文化运动应运崛起。生长于燕山脚下、渤海之滨的李大钊是现代史上最杰出的燕赵儿女、思想巨匠和最早在中国传播马克思主义的革命先驱。此后，土地革命、抗日战争、解放战争、社会主义建设和改革开放新时期，时代赋予燕赵思想文化以全新的意义。

李大钊像

（二）燕赵风土民俗及文化特性

不可否认，地理环境和自然条件对一个地区的政治经济、风土民俗、文化性格、心理气质等具有重要影响，在生产力低下，交通、教育、信息传播不发达的古代尤其如此。从自然地埋环境看，作为燕赵大地的河北，东临渤海，西倚太行，南接大河，

太行秋歌

北枕燕山，地理环境自古如斯。东海之阔，黄河之动，太行、燕山之雄奇厚重，自古生存于如斯环境，祖祖辈辈从事农耕生活间或从事些手艺和小本生意的传统意义上的河北人，养成了质朴厚道的民风、木讷爽快的民气、重义任侠的民性和勤奋耐劳而不精明的民智。这就是燕赵风骨或河北人的文化性格。此种文化性格，通过生理性的和社会历史性的遗传，至今不同程度地流淌在现代河北人的血液中，积淀为他们的心理气质并表现在他们的生活方式中。

从人文历史环境看，燕赵文化自古形成于华北平原的中部，东南与尚功重智、知礼乐仁、民性仁厚的齐鲁文化、中原文化毗邻，西边与尚法、尚兵、重商、民性刚毅的秦晋文化肩连，西北与高寒地带金戈铁马、弯弓射雕的游牧文化相望，东北与地广人稀、游牧与农耕并举、民性剽悍的关东文化接壤。燕赵文化处于周边不同

燕下都遗址出土瓦当

燕赵文化的基本特质

燕赵文化博取众家之长，兼容开放

区域文化的边界带，经过战争、商旅、民族交往、移民等途径，接受周边文化的影响，形成自身兼容并蓄、多样杂糅的区域文化特征。主要表现为：其一，燕赵文化兼容开放性强。战国时赵武灵王，胡服骑射，是燕赵文化兼容游牧文化的典范；平原君不拘一格招贤养士，同样表现了这种性格。先秦时期慎到的早期法家思想，公孙龙的名家思想、荀子的儒家思想，都在赵国产生。其二，荀子思想以儒家思想为主体，吸收了道家的自然主义，名家的名学分析，前期法家的重参验、正名实的理智主义因素，克服了孟子先验论道德理想主义的局限性，才卓然成就一

家哲学，是对先秦诸子思想的第一次批判综合。董仲舒以儒学为根底，吸收道家、法家、阴阳五行等思想建立起来的今文经学体系，同样体现了燕赵思想文化的兼容性格。其三，由于兼容性强，所以燕赵学者门户之见淡漠，历史上有众多的燕赵籍学者，却很少形成影响久远的学派。即使到了宋明时期，思想文化界仅理学内部就有众多的学派，如湖南有湖湘学、濂学，河南有洛学，陕西有关学，岭南有闽学，江西有象山心学，浙江有阳明学等众多的学派，燕赵却没有自己的学派。清初形成了颜李学派，但不过数十年就消失了，这

由于燕赵文化的兼容特点，所以鲜有自己的学派形成

燕赵文化的基本特质

燕赵山水的钟秀灵气孕育了燕赵文化刚柔相济的性格

实在是一种遗憾。

文化的地域特征取决于三个因素：自然环境、生产方式和人文环境。从这三方面考察，燕赵文化从整体上可以概括为复合性、农业性和整体性三个主要特征。

从自然环境上看，燕赵山山水水的钟秀灵气给了燕赵文化两重性格，培育了它刚柔相济、以刚为主的特征。如燕赵文化最鲜明、最核心的特色，慷慨悲歌精神，既具有刚烈勇悍的文化基因，也有秀逸婉约的文化因子。在燕赵的历史里，一曲"风萧萧兮易水寒，壮士一去兮不复还"的慷慨悲歌，一直以令人断魂裂魄、荡气回肠的不屈生命力发展和再生；高渐离奋起向秦始皇举筑一击的身影凝成的硕大感叹号，一直刻在燕赵人的心中；荆轲刺秦王的匕首在铜柱上击发出的火花，如同白虹贯日、电光石火，一直在中国历史的夜空、在燕赵十八万七千平方公里的土地上放射着永不熄灭的光芒。在燕赵大地的沃土里，名将廉颇、名相蔺相如、谏臣魏征、文儒张之洞、马克思主义者李大钊，有文有武、刚柔相济，是燕赵文化的"魂"，就是这"魂"牵动着燕赵文化千百年来的吟唱和歌哭。在燕赵文学艺术里，关汉卿的雄豪悲

河北坝上风光

愤，王实甫的细腻婉约；赵南星、纪晓岚的怪异辛辣，曹雪芹的瑰丽丰厚；红旗谱群落的慷慨悲壮的交响，荷花淀派的平和婉约风韵，这些或是凸现悲壮，或是显示激昂，或是走向豪放，或是表现冷峻，或是趋于平和，都不约而同地点缀着五彩缤纷、绚丽夺目的燕赵文化摇篮。

从地理环境和生产方式上看，燕赵文化是一种农业文化。这与其相邻的三晋、关中、中原、齐鲁等各区域基本相似。但是，燕赵文化又有不同。首先，燕赵文化是一种农耕文化与游牧文化结合、以农耕文化为主的典型文化。早在新石器时代，燕赵区域就已被公认为世界谷作农业的故乡，到战国时期，河北已经有了禾、黍、稷、麦、稻、粱等多种农作物。历史上无数次游牧文化对燕赵文化的冲击和改造，都仅限于衣食住行的表层文化，而在深层文化上，他们更多的是被燕赵文化所同化。燕赵文化的核心依然是农耕经济。农耕文化优秀的精髓早已内化为燕赵人文传统的一部分，为当代燕赵文化所继承或正在转换中承接。如先民们很早就懂得的对自然采取亲和的态度，逐渐形成了"天人合一"的哲学概念；在主动适应"天"的同时，也渐渐从原始的人格崇拜，演变为在自然中表现人格力量和人格映照，以及农耕经济和多种经营、农牧并起的发展方式对河北的社会进步、经济发展作出的重要贡献等。其次，燕赵人民是"以自己的牺牲保证着农耕文化的发展"。农耕方式是古代中国社会经济的基础，是古代文明的主体。它的产生、兴盛和衰落直接关系着中国古代文明的延续和现代化转变的现实。在此过程中，由于燕赵大地一直是中央政权设置的北方游牧势力南下的一道屏障，所以在其兴盛时期曾经是整个北方基本农业经济区的一部

农耕文化

清东陵景观

分，在其衰落时期又是北方各民族融合与冲突的一个窗口，燕赵文化伴同整个古代文明的兴衰，是古代文明由盛转衰、由古代向近现代转变的一个缩影。在这一漫长的历史转变中，燕赵文化比处在核心位置上的中原、齐鲁各区更具典型。

从人文环境上考察，燕赵文化具有整体性和完美性的特征。首先，燕赵文化与京都文化结合，使得燕赵文化更趋成熟。燕赵文化与京都文化的融合，严格地说是燕赵文化受京都文化巨大影响的程度，在全国是唯一的。河北作为直属中央的京畿腹地，全国各地域文化的聚合、交流，和北京往全国各地的文化辐射，都必经河北大地。因此，河北受京都文化的熏染和影响，在时间上要早于全国其他地区，在程度上更深于全国其他地区。尤其是清朝康熙皇帝在承德开辟避暑山庄，从康熙至咸丰，皇帝每年在此居住半年左右时间，这里实际上是清代除北京外的第二个政治、文化中心。在京都文化的辐射下，燕赵文化有了更为开阔的胸襟，内容更加丰富，质地更趋雅化，表现出更加强烈的爱国精神和顺应潮流与时俱进的品质特征。其次，燕赵文化是一种吸纳异域文化更多的地域文化。河北自古就是民族大融合之地，入主者的剽悍雄

河北承德避暑山庄全景

燕赵文化的基本特质

风、异域文化的别样风采、中原文化"阴阳合德"、中庸仁爱的儒家风骨，大量地被燕赵文化所吸纳，滋补和强化着燕赵文化孝、悌、忠、信、礼义、廉耻的道德情操和慷慨悲歌、阳刚健美、大气恢弘、典雅雄浑的精神主脉。这是其他地域文化所不可能具有的。第三，生活气息浓郁、地域特色鲜明、充满生机与活力的文化艺术，既是构成燕赵文化的精华所在，也是地域文化独特魅力的具体体现。它们每时每刻都在壮美着燕赵文化之魂，交融着燕赵文化之神，丰富与辉煌着燕赵文化的底蕴，注释着燕赵人最广泛的文化认同的整体观念和大局观念。

河北省遵化境内的清东陵

燕赵文化的人格精神为文坛构建了一个永恒的主题，就是为正义而献身的道德情操和价值观念。这一观念虽然带有普遍性，但与燕赵文化结合起来，就赋予了其具体而积极的意义：言必信，行必果，一诺千金；"立意皎然，不欺其志"；士为知己者死，杀身成仁，舍生取义。这种情操成为中华民族的一种传统美德。

以燕赵文化为背景的"建安风骨"成为文学创作的一个重要流派。自魏晋以下，出现了大量描写边塞、军旅、豪侠、远别、忧患、怀古的题材，其诗文之风古朴、悲凉、激扬、雄峻，既有患国患民的忧心，又有慷慨强健的志向，歌以咏志，催人奋发。其名作，千百年来传唱不绝；其名句，成为人们的警世言、座右铭，振聋发聩，给人以艺术享受和精神力量。

中华文化的传承，赖之于典籍的传播，也赖之于有识之士对修身养性心得的积累著述。两千多年来，河北籍文人骚客勤奋笔耕，躬身教授，使燕赵文化的精神世代沿袭，极大地丰富了民族文化的宝库，为后人留下了一笔宝贵的文化遗产，熏陶后进，惠泽及远，立下了文治教化的不世之

自魏晋以来，出现了大量边塞、怀古题材的诗文

燕赵文化的基本特质

清东陵一景

功。

　　燕赵文化独特的、艰涩的历程，使其具有了刚柔相济、以刚为主，重义守信、以义为重，贵和持中、以和为贵，开放务实、以实为务以及农耕文化与游牧文化结合、以农耕文化为主，燕赵文化与京都文化结合、燕赵文化更趋成熟等特点。这种复合的、追求整体的特性使燕赵文化具有了极强的生命力、巨大的魅力和强大的自我更新能力。几千年来，不论朝代如何更迭，兴衰，社会如何变迁，这种流淌于燕赵儿女血脉中永远抹不掉的基本精神、文化特性，深深地影响着燕赵大地历史演进的每一幕。今天，经过燕赵人切切实实、踏踏实实的耕耘，如黑格尔所说，文化"不是一尊不动的石像，而是生命洋溢的，有如一道洪流，离开它的源头愈远，它就膨胀得愈大"。燕赵文化又以自己鲜明的特色、活跃的实

燕赵文化有着深厚的底蕴，一如这雄狮般阳刚健美，大气恢弘

燕赵文化的基本特质

燕赵文化和这龙首一样
昂首向前，与时俱进

践，在全国范围内一枝独秀。在新的历史时期，燕赵文化根据时代的需要，注入新的东西，补充新的涵义，做出新的解释，开拓发展为新的现代精神的前提下，必然会将它优秀的精神延展、传播到全国的方方面面甚至世界各地，为河北乃至中国的现代化提供智力支持和精神动力。

四 燕赵慷慨悲歌之气

慷慨悲歌已成为燕赵
文化的典型特点

燕赵自古多慷慨悲歌之士。

从地理环境和生产方式上看，燕赵文化是一种平原文化、农业文化、旱地农耕文化。在民族上，它是一种以汉民族为主体的文化。这些情况对燕赵文化而言并不是唯一的，与它相邻的三晋、关中、中原、齐鲁各区域大体也是这种情况，但是燕赵文化是一种典型。在漫长的历史转变中，燕赵文化甚至比处在核心位置上的中原、齐鲁各区更具典型。

从文化特征上看，燕赵区域也具有独特的文化特征，这就是慷慨悲歌、好气任侠。"慷慨悲歌"一语可以用来形容各个地区的人物和现象，但是在历史上，它是在燕赵区

域产生的，是以燕赵区域为典型的。在其他区域，慷慨悲歌并没有成为一种普遍现象，而在燕赵区域，慷慨悲歌却已是普遍的特征和特殊的标志。从时间上，慷慨悲歌文化的特征在战国时期形成和成熟，在隋唐时期仍然为人们所称道，到明清时期其余音遗响不绝如缕，前后持续两千余年，确已形成了悠久而稳定的传统。所以，燕赵区域的文化特征就是慷慨悲歌，也只有慷慨悲歌才是燕赵区域的文化特色。具有既不同于中原、关陇，又不同于齐鲁、吴越的特点。

司马迁在论述燕赵区域内各地的风气

邯郸是一座有着近三千年悠久历史的文明古城

时说，种地（今山西灵丘一带）和代地（今河北蔚县）靠近胡人，经常受到侵扰，师旅屡兴，所以那里的人民矜持、慷慨、嫉妒、好气、任侠为奸。在血缘和文化上，这里胡汉杂糅，从春秋晋国时起就已忧患其剽悍难制，中间又经过赵武灵王的胡化变革，风气更加浓烈。中山土地狭小，人口众多，人民性情卞急，拦路锤杀剽掠，或者盗掘坟墓。男子相聚在一起悲歌，辞气慷慨。燕地（蓟城）距离内地遥远，人口稀少，经常受到胡人侵扰，风俗也和代、中山相类似。

燕赵地区的文化风气确实显得十分突出，甚至就连这里的女子也都有不同寻常的表现。《汉书·地理志》中说到蓟地的女子是：自从燕太子丹开养士之风、不爱后宫美女以来，民间演成风气，至汉代依然如故。"宾客相过，以妇侍宿，嫁娶之夕，男女无别，反以为荣"。

在这方面，赵地（邯郸）的女子表现又有不同。司马迁说，邯郸城中的女子一向以美貌闻名，她们自己也擅长修饰容貌。平日她们弹琴，穿长袖衣，脚穿轻便的舞鞋。凡是富贵人家，或者各国君王的后宫，不论距离有多远，都能在那里找到她们。"目挑心招，

游媚贵富，出不远千里，不择老少"。在历史上，阳翟大贾吕不韦娶的就是邯郸诸姬中一位容貌绝好的女子，她擅长歌舞，而且还是邯郸豪家之女，后来做了秦庄襄王的王后，秦始皇即位后尊其为帝太后。汉文帝慎夫人、尹姬和汉武帝王夫人也都是邯郸人。此外，汉文帝窦皇后为赵清河人，汉武帝钩弋赵婕妤为赵河间人，汉武帝李夫人为赵中山人，父母兄弟世代为乐人。这三处地方均属原赵国，邻近邯郸。

邯郸男子的社会交往更是有弹琴、悲歌、斗鸡、走犬、六博、蹴鞠、饮酒、狎妓等许多名目。战国时齐国的都城临淄也是一个大都邑，其民无不吹笙鼓瑟、击筑弹琴、斗鸡

河北邯郸丛台公园

邯郸古城雪景别
有情趣

走犬、六博蹴鞠。邯郸人也和临淄一样，活跃自信，"家殷而富，志高而扬"，具有大都邑的人们所共有的自信和高姿态。司马迁说他们是起则相随椎剽，休则掘冢作巧奸冶，"相聚游戏，悲歌慷慨"。这种任侠、放荡的风气在临淄、洛阳等大都市都是普遍流行的，不过邯郸却要比临淄和洛阳更为狂放、更为豪雄，这都是受了燕赵区域任侠勇武传统的影响。历代文人凡是歌咏邯郸，都免不了在六博、狎妓诸方面回顾和咏叹一番。比如唐代诗人高适的《邯郸少年行》指明是描写邯郸的，诗中说："邯郸城南游侠子，自矜生长邯郸里。

燕赵慷慨悲歌之气

赵国国都

千场纵博家仍富，几度报仇身不死。宅中歌笑日纷纷，门外车马常如云。未知肝胆向谁是？令人却忆平原君。"像这样的诗篇还有很多很多，自晋唐至明清层出不穷。

燕赵地区的人们性情耿烈。战国初，赵襄子宴请代王，暗中令人用铜斗杀死了他，

拒马河风光

兴兵吞并了代国，赵襄子的姐姐是代王夫人，听到消息以后泣而呼天，说："为了弟弟而轻慢丈夫，不仁；为了丈夫而怨恨弟弟，不义。"于是磨笄自刺而死，至今人们仍称涞源东北拒马河上游的马头山为磨笄山以纪念她。燕赵的女子尚且如此，

邯郸古城

其他人更可想而知。

燕赵地区的人们擅长骑射，惯见刀兵。北魏时广平（今河北鸡泽）大族李波的小妹擅长骑射，能够"褰裙逐马如卷蓬，左射右射必叠双"。人们在为她而作的《李波小妹歌》中说道："妇女尚如此，男子安可逢？"北宋时常山郡（今河北定县）北七里唐河店村的一名无名老妇，能够赤手空拳智杀契丹的骑兵。北宋文学家王禹偁在所作的《唐河店妪传》中说道："一妪尚尔，其人人可知也。"

王禹偁还说河北边郡上的人们习于战斗而不怯懦，听到敌虏到来，父母帮助拉出战马，妻子帮助取来弓箭，甚至有不等穿好盔甲就敢于上前的。和南方相比，江南地区经济发达，人们生活自如、达观，甚多温情，结果也导致了南方人的奢侈和文弱。

燕赵地区的马也好，所以自古以来良马已被称为骥，以地名命名。唐人杜牧说过："冀之北土，马之所生，马良而多，人习骑战。"

燕赵地区的文化还有一个特点，那就是这里的民俗古朴厚重，更近于古。宋人吴曾说："我看南北方的风俗，大抵北胜于南。"北方人更看重亲族关系，《南史》中说："北土重同姓，谓之骨肉，有远来相投者，莫不竭力赡助。"南北方的这一

燕赵地区的人们
擅长骑射

燕赵慷慨悲歌之气

坝上草原美景

差别甚至从人名上也可以反映出来。先秦两汉古人称谓都直呼其名，到南朝时南方人则往往各取别号雅号。先秦两汉人名多用贱字，到南朝时南方人崇尚机巧，取名多用好字。而北方人性情纯真，仍旧在相见时直呼其名，取名也仍用贱字。凡此种种，看似笨拙，其实近古。

五　燕赵名人

燕赵之地名将、英雄辈出，仅我们耳熟能详的就有如下：

　　春秋战国时有以勇气闻于诸侯的廉颇、战国中后期整兵团歼灭秦军第一人的名将赵奢、抗击匈奴名将李牧、率弱燕连下强齐七十二城的名将乐毅。

　　三国时有燕人张翼德、常山赵子龙、河间张郃、东吴名将程普。水浒中有玉麒麟卢俊义、豹子头林冲、入云龙公孙胜、小旋风柴进、浪子燕青、行者武松。

　　近现代有京城豪侠大刀王五、侠义大盗燕子李三、义和团领袖赵三多、中华英雄霍元甲、抗日英雄马本斋、人民英雄董存瑞、威震敌胆狼牙山五壮士。

张飞像

这些英雄、名将无不透着慷慨悲歌、勇武任侠的燕赵情怀，岳飞与他们何其相似。

能够昭示燕赵文化精神内涵的是这样一些人物、意象或关键词：燕昭王、黄金台；荆轲、易水；赵武灵王、胡服骑射。而对燕赵文化精神这一概念试图作出逻辑严密的精确界定则是困难的，因为它的内涵丰富而不贫乏，是复调而非单音。求贤若渴、礼贤下士、慷慨悲歌、义无反顾、与时俱进、锐意改革、诚信然诺、英勇无畏……都可以纳入其内涵范围。可以说，相对于其他地方文化而言，燕赵文化精神在长期的发展演变过程中获得了更高程度的泛化与弘

狼牙山五壮士雕塑

扬。这是一份留给燕赵儿女乃至全体中国人的一份宝贵的精神遗产。

（一）燕昭王与黄金台——求贤若渴、礼贤下士的绝佳隐喻

燕昭王是燕赵文化精神走向成熟和形成特点的关键人物之一，黄金台招贤则是我们所熟知的关于他的故事。在这个故事中，燕昭王的礼贤下士及其复国中兴的煊赫功业对当时及后世都产生了巨大且深远的影响。燕昭王与黄金台被赋予的求贤若渴、礼贤下士的符号意义至今仍为人们所重视，其重视人才的内涵与精神实质则被进一步发扬光大。在现代社会，无论政治、军事、经济、外交

燕昭王像

黄金台

还是社会生活领域，人才都是不可或缺的极其重要的推动因素。当今所谓知识经济的竞争，究其实质乃是知识的载体——人才之间的竞争。而在如何对待人才、如何使用人才这方面，燕昭王与黄金台让我们领悟颇多。

首先，对人才要充分尊重与认可。燕昭王在招纳贤才的过程中的种种表现，都说明燕昭王充分认识到了人才的潜在价值，并以自己的谦恭姿态和实际行动向世人昭示了自己对人才的尊重与认可。这种出于内心诚意的表达使贤才真切体验到了被尊敬和被重视的感觉，并自然产生了"士

燕下都文物

为知己者死”的回报意识与决心，从而提供了日后建功立业、驱驰效命的强大的心理动因与行为内驱力。

其次，要给人才提供尽可能广阔和自由的发展空间。对那些投奔燕昭王的贤才而言，对于物质利益的追求或许并不是他们最主要的目的。他们更为看重的是，在燕昭王这里能找到适合自己的位置，他们的个人才能有更为广阔和自由的发挥空间，他们的人生设计和人生理想有最大的实现可能；而燕昭王海纳百川、不拘一格的度量与胸襟对于天下贤才而言又极具吸引力。因此，自然形成了当时燕国人才的彬彬之盛，并最终成就了乐毅等人共同创造的赫赫功业。

赵国夫人玺印

荆轲像

（二）荆轲与易水——慷慨悲歌、义无反顾的永恒象征

　　学者张京华在《地域文化的界定——以燕赵文化为例》一文中，将慷慨悲歌、好气任侠归结为燕赵区域独特的文化特征，并认为这种特征在战国时期形成和成熟，在隋唐时期仍然为人们所称道，到明清时期其余音遗响依旧不绝如缕，前后持续两千余年，已形成悠久而稳定的传统。而在燕赵文化精神的这一

荆轲刺秦王的故事源
远流长

重要侧面，荆轲与易水显然是最具标志性
的人物和意象。关于荆轲的事迹，《战国策》
《史记》以及战国时期的佚名小说《燕丹子》
都有记载，也早已为我们所熟知。可以说，
燕赵大地上源远流长的慷慨悲歌传统，蕴
涵着一种为了特定的理想、信念而义无反
顾的悲剧精神。这种悲剧精神，既有古燕
赵大地勇武任侠的民风背景，又植根于燕

荒野中的荆轲墓

赵文化的深厚土壤，再加上荆轲、高渐离等典型代表人物的推波助澜，最终汇成了一股令后人回首频频、感喟称羡不已的文化洪流，而荆轲在易水送别时所唱的那首《易水歌》更是成为慷慨悲歌、义无反顾的永恒象征。近现代中国社会，由于外敌入侵以及民族危机的日趋严重，悲歌慷慨、义无反顾的燕赵文化精神再次获得极度的泛化与张扬，如抗日战争时期燕赵大地上涌现出来的抗日武装回民支队、敌后武工队、雁翎队等等，都写下了可歌可泣的光辉历史篇章。正如清代词人陈维崧《南乡子·邢州道上作》词所言："残酒忆荆高，燕赵悲歌事未消。"应该说，这种文化精神不仅帮助我们挽救了历史上最严重的民族危亡，而且沉淀在民族文化心理的深层，时刻警醒着我们要居安思危，成为激励中华儿女自强不息，实现中华民族伟大复兴这一历史使命的群体潜意识隐因。

（三）赵武灵王与胡服骑射——与时俱进、锐意改革的理想典范

赵武灵王是燕赵文化精神走向成熟和形成特点的又一关键人物，也是战国时期赵国最有作为的一位君主，关于他"胡服骑射"

赵武灵王是一位非常有作为的君主

的典故十分有名。在赵武灵王的故事中，给人印象最深的是其锐意改革的决心与意志以及与时俱进的通达观念。赵武灵王在准备推行胡服时，对于改革者必然要面临的"有高世之功者，负遗俗之累；有独智之虑者，任骜民之怨"的情形有充分的思想准备，因此在绝大多数臣子的反对下力排众议，明确表示"世有顺我者，胡服之功未可知也。虽驱世以笑我，胡地中山吾必有之"。在说服公子成等人的时候，赵武灵王显示了相当通脱的思想观念，他认为："夫服者，所以便用也；礼者，所以便事也。"因此应该"随时制法，因事制礼"。"循法之功，不足以高世；法古之学，不足以制今"。赵武灵王的这些言论，与以韩非为代表的法家思想一脉相通。可以说，这些都是当时及后世推行变法改革的重要依据和思想资源。赵武灵王的与时俱进和锐意改革，由此也构成了燕赵文化精神的一个重要支点。但是，中国古代士人的中庸和崇古倾向以及传统的华夷之辨观念使得他们很难认同赵武灵王的这种用夷变夏的言论举措。但是，我们并不能据此得出赵武灵王与时俱进和锐意改革的思想观念已经泯灭的结论。

六 燕赵文化的典范——毗卢寺壁画

工笔重彩画是传统中国绘画的源头。画师们利用天然便捷的材料在洞窟石壁上绘制，形成了独特的绘画样式——壁画。工笔重彩画随着时代的发展而不断完善并趋于完美，形成了以敦煌莫高窟、永乐宫、毗卢寺以及法海寺等处的壁画为代表的绝世之作。位于石家庄市西北郊杜北乡上京村的毗卢寺壁画正是燕赵文化的代表，同时它也是石家庄市特色文化的重要组成部分。

毗卢寺壁画是明代的寺观壁画，具有鲜明的时代特色，从多层面、多方位反映了当时特定时期中国社会的方方面面。作为沟通古今文化信息的桥梁，毗卢寺壁画也受到明代政治和文化的制约。毗卢寺壁画指毗卢殿内所存的壁画，前、后壁（南北壁）因中部设门而各分为两段。四壁共绘壁画122平方米，绘有天堂、地狱、人间佛国大千世界的佛、道、儒三教九流各种人物故事共122组，计508个人物，上下分三排布设，并以下层人物为主像。像高为1—1.2米，画工精细。中上层人物均见缩小，一般高为0.3—0.5米。北壁近门两侧所绘的十大明王菩萨，是全幅壁画中最高大的画像，均在1.2—1.5米之间。每组以六字榜题为主，间以四字或更多字不

毗卢寺壁画

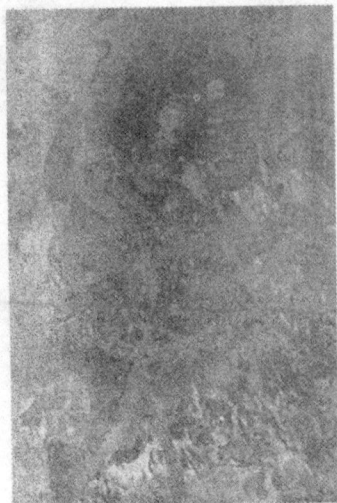

毗卢寺

等。少则一至三人，多则十余人不等。每组以祥云自然分隔，既独立成章，又与整体气势连贯，跌宕起伏，井然有序，浑然一体。有的以主像为中心，衬以侍者或弟子；有的则以群神并立，相互呼应。佛家的飘逸超尘，道家的仙风道骨，儒家的彬彬有礼，在工整细密的描绘中跃然欲出；无论是一佛独立的菩萨，还是众佛相聚的罗汉；无论是清丽恬淡的侍女，还是舞姿翩翩的天女，无不仪态端庄，神思灵动，妍丑善恶，百态横生。场面宏大，气势磅礴，人物众多，杂而不乱。在整体气韵的控制下，庞杂的人群、重复的云朵形成严格的

毗卢寺因有精美的古代壁画而闻名

宗教行列，通过二维的平面空间，营造出幻想世界的神仙福地、地狱惨境和因果报应的人间凡世，在特定的空间里求得无穷的变化。其中，东、西两壁以道教内容为主，南壁以儒家和世俗百家为主，北壁以佛教内容为主，形成了儒、释、道三教合流，世俗九流共陈的大千世界。

毗卢寺壁画所表现的高超的绘画技艺、深邃的宗教思想和浓厚的世俗情怀，是研究明代政治生活、社会面貌、宗教文化、绘画艺术和美学思想的珍贵资料。同时，它的文化底蕴直接承袭于传统的文人画，那种不为物羁的神似精神使绘画达到了主体化自由对客体化自由的超越。这种神韵是中国文人士大夫在政治无为和专制统治下无可奈何情绪的流露，也是"志于道，居于德，依于仁，游于艺"为士原则的理想寄托，是儒家"达则兼济天下，穷则独善其身"的最后堡垒。毗卢寺壁画承袭了我国古代壁画的传统画法，采用了工笔重彩沥粉贴金的表现手法，重彩壁画通常采用墨及以胶调和的颜料绘于壁面，颜料主要是石色和各种矿物颜料以及一部分植物颜料，这种颜料本身在"色相"上具有美丽、柔和、浑厚的特质，又能经久不变，色泽常新。毗卢寺壁画运笔工整细致，对人物的描绘

毗卢寺壁画《四海龙王》

毗卢寺壁画

精微细密。佛像的庄重肃穆、菩萨的清秀典雅、明王的愤怒威猛、帝王将相的矜持、名儒高僧的智慧以及孝子贤孙的谦恭，都描绘得生动传神。它那巧妙的构思、浓艳的设色以及饱满的人物描绘，处处都反映着明代文人画的特征。

毗卢寺壁画充分依据壁画的性能，在二维平面上，驰骋才思，表达画意心境，创造出他们极其认真对待的幻想世界。这些都与文人画崇尚精神意境、崇尚诗心文意的传统一脉相承。创作者们并没有刻意追求壁画的文学性和文人味，而是以平视生活的视角，形成大的空间容量，画下生活原本的气息，通过对现实生活的指示和宗教的冥想，满足

当时人们在精神领域的渴望与需求。

毗卢寺壁画是一幅宗教色彩浓重的水陆道场画。水陆道场，简称"水陆"，是佛教法会的一种。后被道教所采用，内容也变成传经布道、救济众生、劝善抑恶、祛灾禳祸的一种宗教仪式，成为民间规模较大的宗教活动之一。水陆道场几经糅合，形成儒、释、道三教合流，集政治宣教与宗教宣教为一体的宗教活动。不仅设道场有了专殿，而且所挂之画亦绘于殿之四壁，以壁画的形式固定下来，供人们随时拜谒。毗卢寺壁画中的道教内容突出体现在对玉皇大帝、伏羲、女娲、神农等五十余种神

毗卢寺壁画

燕赵文化的典范——毗卢寺壁画

085

壁画技法娴熟，线条潇洒自如

仙的描绘上。道家在中华民族文化中具有重要作用，不仅奉献了具有民族特色的思辨哲学和理论思维，而且为人们提供了比儒家学说更为广阔的精神活动空间。在传统的寺观壁画中，道教内容占有不可或缺的重要地位。毗卢寺壁画的佛教内容，大部分分布于北壁，包括五大菩萨、十大明王、帝释诸天、天龙八部、罗汉天神以及得道高僧。他们基本以后门为轴心，东西对称。菩萨是梵文的音译，意思是"觉有情""道众生""道心众生"，菩萨在佛教中的地位仅次于佛。在毗卢寺壁画中共绘五大菩萨，即摩利支天菩萨、地藏菩萨、大德菩萨、大势至菩萨以及引路王菩萨等。他们的神像高大（均在 1.2—1.4 米），单独成组，主题突出，画面精美，呈现出佛国庞大的神仙阵容和深邃的宗教内涵。明代自公元 1368 年至 1644 年清军入关，共经历了十七代、二百七十六年。时值我国封建社会的后期，出现了资本经济的萌芽，文化哲学思想领域在尊重传统文化的同时，亦具有了世俗面貌和性格特征，毗卢寺壁画正是这种社会背景的体现。毗卢寺壁画集宗教壁画的深沉、含蓄与寺观壁画的清晰、明快和世俗情调于一身。毗卢寺壁画通过壁画的宣教，

毗卢寺外景

使人们追求到一种深层的精神平衡，弥合自我与非自我、欲望与现实、欢乐与痛苦之间的裂痕，得到一种具有深刻力量的精神深处的教化与感动。

毗卢寺壁画虽然具有"适合某一时、某一地方、某一情景的特征"，但在一定的局限中却体现着不间断的时代特征和无穷变化。在"隔滹水，映恒山，地势清高，人烟僻静"的地理环境和"东林掩映，梵院深幽，日出而烟消，鸟啼而花笑，车马罕到"的自然环境中折射出燕赵深厚的文化底蕴。

七 燕赵文化的心态文化

心态文化主要是指人们的价值观念和思维方式，燕赵的好胜之风给人们的价值观念和思维方式以深刻影响，司马迁以游侠的思想与行为为"悲歌慷慨"作了一个注脚："今游侠，其行虽不规于正义，然其言必信，其行必果，已诺必诚，不爱其躯，赴士之厄困，既已存亡死生矣，而不矜其能，羞伐其德，盖亦有足多者焉。"（《游侠列传》）游侠既不遵国君之命，也不遵世俗之情。有自己独特的价值标准，他们重信义，言必信，行必果，一诺千金；不论人所短，"绝交不出恶声，去国不洁其名"；他们重德操，为知已者死，不吝惜生命；"立意皎然，不欺其

赵国鼓楼

志";他们绝对自信,为了证实自身的完美,甚至杀身成仁。这些形象地代表了燕赵文化的价值观念,这一人数不多的群体,体现了燕赵文化的精华,是燕赵文化的灵魂与风骨。司马迁用游侠和刺客对"悲歌慷慨"作了一个形象描述,其中,司马迁浓笔重彩描写的是荆轲。荆轲是燕太子丹欲图保卫国家而行刺秦王的核心人物,"荆轲嗜酒,日与狗屠及高渐离饮于燕市,酒酣以往,高渐离击筑,荆轲和而歌于市中,相乐也,已而相泣,旁若无人者。荆轲虽游于酒人乎,然其好人深沉好书;其所游诸侯,尽与其贤豪者相结"(《刺客列传》)。在刺秦王临行时,"至易水之上,既祖,取道,高渐离击筑,荆轲和而歌,为变徵之声,士皆垂泪涕泣。又前而为歌曰:'风萧萧兮易水寒,壮士一去兮不复还!'复为羽声慷慨,士皆瞋目,发尽上指冠。于是荆轲就车而去,终已不顾"(《刺客列传》)。由以上分析可以看出,燕赵文化是一种质朴的地域文化,其文化精神可以概括为"质胜文则野"。

燕赵文化的伟大之处在于它把侠士的"好气任侠,悲歌慷慨"化作了一种精神,

荆轲刺秦王画像石

燕赵籍人继承了这种精神，在世代传承中使之不断升华，在原来质朴的侠义精神中注入了更多的理性成分，从秦汉一直到唐宋，这一地域性的文化日臻成熟。其表现是家族化、群体化、理性化和趋同化。在它的润泽下，英雄豪杰、学术大师、文人骚客辈出，以他们的事业和人格精神，为历史增添了光彩。

1.家族化

中国以农业立国，家庭成为独立的经济单位，同姓同宗聚族而居，自西周宗法制产生，到秦汉时演变为豪族、世族。秦灭六国之后，燕赵作为国家，已从地域上湮灭了。作为燕赵文化的传承者，仍是旧属地的人众，其中有意识、有自觉、有使命感传承文化的

赵国都城一景

是当地豪族。豪族中有所谓冠族、甲族、大姓、著姓之称，其中尊崇道德礼法者称为名士，世代为官的又演化为世族。西汉时期，燕赵之地的豪族有清河赵纲、渔阳阳球、涿郡西高氏东高氏等。西汉末年，刘秀经略河北，有二十八将战功卓著，画像于云台，几乎全是出身豪门，属燕赵籍的有：冠恂，上谷昌平人，世为著姓，所部皆宗族昆弟；耿纯，巨鹿宋子人，率宗族宾客两千余人跟从光武帝；刘植，巨鹿昌城人，率宗族宾客聚兵数千人跟从光武帝。这些豪族，以后都成了世宦之家。东汉时期，豪族的发展已很成熟，从黄巾起义到群雄割据，豪强大族风涌而起，或拥兵自保，或争城割地，左右了政治局势的发展。曹丕在《典论·自叙》中描述："初平之元，董卓弑主鸩后，荡覆王室。是时四海既困中平之政，兼恶卓之凶逆，家家思乱，人人自危。山东牧守咸以《春秋》之义，卫人讨州吁于濮，言人人皆得讨贼。于是大兴义兵，名豪大侠，富室强族，飘扬云会，万里相赴。兖豫之师战于荥阳，河内之甲军于孟津。卓遂迁大驾都于长安，而山东大者连郡国，中者婴城邑，小者聚阡陌，以还相吞灭。"后来形成了公孙瓒、韩馥、袁绍、刘备等几股势力，最后由曹操各个击破，统一了北方。到西晋末，

燕下都遗址文物

政权复危，外夷内侵，北方大族或筑坞而保，或举家南渡，或被少数民族政权招抚而成为羽翼，还有少数民族首领以古燕赵的名号建立了政权。如匈奴人刘曜建立的前赵、石勒建立的后赵，以及鲜卑贵族慕容部建立的燕系政权等。

2.群体化

两汉以来，燕赵一带的游侠逐渐演变为豪族的依附力量，即所谓"门生、故吏、宾客、僮仆"，成了豪族的一种外围组织。他们互相援引，激越名声，品核人物，涉足政治。东汉光武帝刘秀提倡节操，到东汉后期政治腐败时，"慷慨悲歌"的燕赵文化精神变为一种激扬的政治情绪。正直

燕下都山字瓦

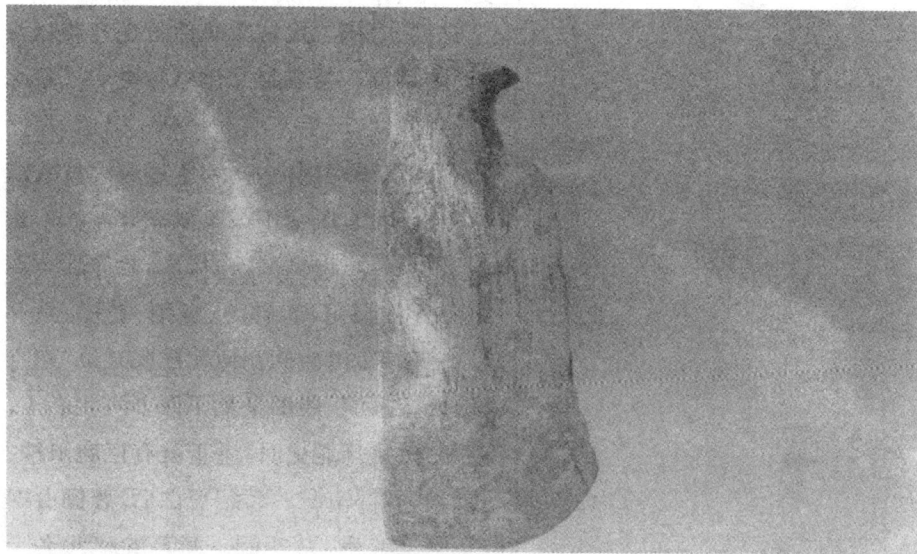

燕赵文化的心态文化

燕下都大型饕餮瓦当

官僚、名士、太学生联合，掀起了清议之风，最后惨遭镇压，形成了"党锢"之祸。但这次事件对提升燕赵文化的品位，使燕赵文化精神更广泛地润泽到群体，产生了深远影响。以后，在北方几百年的混乱中，为了适应这种政治环境，北方民众不得不依靠群体的力量来生存并求得发展。东汉末，北方的州郡刺史，如皇甫嵩、韩馥、袁绍、曹操，虽非燕赵籍人，但他们在河北任职时，广招当地人做幕僚，周围聚集了许多河北名士。袁绍做冀州刺史时，手下就有巨鹿沮授、田丰，魏郡审配。袁绍复亡后，曹操占据了冀、幽、青、并四州。招募的河北名士有：清河许琰、涿郡卢毓、平原华歆等。名士依附一个政治靠山，用群体力量去圆自己的抱负之梦。

三国时，创立蜀汉政权的刘备，是燕赵人群体创业的一个典型。刘备在群雄角逐中联合燕赵籍的张飞、赵云以及山西义士关羽，组成政治集团，经过千辛万苦，终于为三国局面的形成立一鼎足。在这个政权内，兄弟义气之情重于君臣，与曹魏和孙吴政权迥然相异，足见燕赵文化的人格魅力。

3.理性化

在两汉的文化氛围内，燕赵文化逐渐由质朴走向成熟，理性成分大为增加。中

关帝庙前关羽像

燕赵文化的心态文化

汉武帝设立太学，独尊儒术

国古代的文化自春秋以来流放于民间，汉武帝设立太学，独尊儒术，但民间仍然按照私相传授的方式，形成了家学流派。这是一种延续不断的文化组织。史学家陈寅恪在《隋唐制度渊源略论》中说："士族之特点既在其门风之优美，不同于凡庶，而优美之门风实基于学业之因袭。"范阳卢氏在山东世族中居首位，《魏书·卢玄传》说："卢玄绪业著闻，首应旌命，子孙继迹，为世盛门，其文武功业殆无足纪，而见重于时，声高冠带，盖德业儒素有过人者。"据史籍记载，北方士人读书，首选经书，其次为史，再次为兵，最后为诗文。《宋史·地理志》说河北"其人质厚少文，多专经术"。这对于提升燕赵文化的理性成分非常适宜。自西汉以来，广川人董仲舒著《春秋繁露》，清河张揖著《广雅》。东汉末，涿郡人卢植、卢毓、卢钦祖孙三代除从政、教授外，亦有著述。南北朝时，范阳遒人祖冲之、郦道元，北平人杨衒之，巨鹿下曲阳人魏收等，写出了经书以外的传世名作。纵观古代河北学术风格，崇尚经史，具有古朴、敦厚、务实的传统，与燕赵文化"慷慨悲歌"的特征同出一源，是"慷慨悲歌"文化底蕴的一种升华和理性化。

黄河携着中华五千年
文明奔腾而来

4.趋同化

　　五千年的中华文明史，也是一部中华民族形成的历史，无论是王朝的统一，还是分裂战乱时期，燕赵境内总是汉族与少数民族杂居相处。在数千年的民族融合过程中，燕赵之地是中原汉族与北方游牧民族相互接触的重要前沿和同化的平台。在这个平台上，北方的少数民族与汉族，或者血肉相融，或

山海关风化的碉堡

者文化同化，把民族文化、燕赵的地域文化与中华大文化融为一体。历史上河北地区人口的几次大规模流动和大幅度增减，大都是在民族大融合的背景下进行的。两晋南北朝时期，河北的居民为了避乱，大量南迁，把北方的生活习俗带到南方，与南方的风俗文化融汇在一起。除南迁的以外，河北的豪强士族也有许多留下来的，

燕赵文化的心态文化

如范阳卢氏、博陵崔氏、赵郡李氏、河间邢氏、渤海高氏等。豪强士族多与游牧民族互通婚姻，北魏孝文帝曾娶卢氏、崔氏之女入宫，又强令六个兄弟聘士族之女为正妃。少数民族大量迁往河北，成为继承和发展汉地农耕文化的主体。大体说来，在每一次民族战争冲突之后，河北地区都要经历一次汉族人口减少、少数民族人口增多的过程，战争平定后，再逐渐恢复。每次反复，都有更多北方民族的血缘融合于汉族之中，一旦更名易姓，就很难区别出原来的族源。就此而言，北方民族的大融合实为对燕赵文化影响的一个重

清西陵石雕

燕赵文化

要因素。

民族融合，不仅是血缘的混同，而且是少数民族文化的提升。一些有见识的少数民族领袖，非常重视对汉族先进文化的学习。刘渊曾作为匈奴质子住洛阳多年，随汉儒习经史、用汉名，建国后自称汉王，以刘汉正统自居。羯族人石勒曾被汉人捕卖于山东荏平，取汉名，建国后称赵，推崇儒学，战乱中将汉族士大夫编在一起，名为"君子营"，加以保护。鲜卑慕容部在今辽宁锦州一带，永嘉以后很多北方士大夫和汉族百姓前往避难。慕容廆重用士人，创设制度，讲授经学。北魏孝文帝是

承德避暑山庄围墙

燕赵文化的心态文化

倒影中的古牌坊

燕赵文化

少数民族领袖中推行汉化最彻底的一个。他曾对大臣陆叡说："北人每言北俗质鲁，何由知书，朕闻之，深用忧然。今知书者甚众，岂皆圣人，顾学与不学耳。朕修百官，兴礼乐，其志固欲移风易俗。朕为天子，何必居中原，还欲卿等子孙渐染美俗，闻乃广博。若永居恒北，复值不好文之主，不免面墙耳。"其对汉化的深思熟虑及坚毅决心，可见一斑。《隋书地理志》说："自古言勇侠者皆推幽并，然涿郡自前代以来，多文雅之士。"北魏道武帝初立中原，便以经术为先，立太学，置五经博士，生员千有余人。诏征世族范阳卢玄、博陵崔绰、赵郡李灵、河间邢颖、渤海高允、广平游雅等大族冠冕几百人起为郡守。至宣武帝正始元年，河北承平日久，学业大盛，燕、赵、魏、齐之间教授者不可胜数，子弟著录者各千余人，少者犹数百。东魏孝静帝时南北通好，双方出使，皆以俊义相耀。时邺下多风流儒雅，每梁使至，邺下为之倾动，尽选风流才子与之应对，贵盛子弟盛服聚观，馆门成市。由此可见，北方少数民族在汉化的过程中，是通过北方士族来传承汉族文化的，北方士族很自然地用

山海关老龙头

易县清西陵

燕赵文化的精神去筛选儒家文化，触于自身，又传与他人，完成了儒家文化、燕赵文化与少数民族文化的融通。

东汉末，北方陷于战乱，文人的作品都有一种昂扬悲烈的风格，既有积极强健的志向，又有大悲大愁的忧心，慷慨多气，块垒有骨鲠，被称为"建安风骨"。"建安风骨"是燕赵文化精神的概括和在诗文上的结晶。文学是文化的重要表现形式之一，讴歌燕赵文化的诗文和燕赵人创作的文学作品都在一定程度上反映出燕赵文化精神的特点。

其一，秦汉以来，产生了大量讴歌"悲歌慷慨"精神的文学作品。"荆轲刺秦王"的悲壮曾吸引了世世代代的文人墨客。最早

感叹燕太子丹、荆轲事迹的是汉代的邹阳。邹阳在《狱中上梁王书》中说道："昔者荆轲慕燕丹之义，白虹贯日；卫先生为秦画长平之事，太白食昴。"又说："樊於期逃秦之燕，藉荆轲首以奉丹事，行合于志而慕义无穷也。"最早领悟慷慨悲歌的文化价值，而将其形之于文的是司马迁。苏辙在《上枢密韩太尉书》中评价说："太史公行天下，周览四海名山大川，与赵燕间豪俊交游，故其文疏荡，颇有奇气。"两晋南北朝的文学作品中，也多有咏荆轲诗文。如左思的诗："荆轲饮燕市，酒酣气益震。哀歌和渐离，谓若傍无人。"南北朝庾信《拟咏怀诗二六》诗中有"秋风

西柏坡风光

燕赵文化的心态文化

107

别苏武，寒水送荆轲。谁言气盖世，晨起帐中歌"的名句。陶渊明也曾创作《咏荆轲》诗："燕丹善养士，志在报强嬴。招集百夫良，岁暮得荆卿。君子死知己，提剑出燕京。素骥鸣广陌，慷慨送我行。雄发指危冠，猛气冲长缨。饮饯易水上，四座列群英。渐离击悲筑，宋意唱高声。萧萧哀风逝，淡淡寒波生。商音更流涕，羽奏壮士惊。心知去不归，且有后世名。登车何时顾，飞盖入秦庭。凌厉越万里，逶迤过千城。图穷事自至，豪主正怔营。惜哉剑术疏，奇功遂不成。其人虽已殁，千载有余情。"隋唐时，吟咏荆轲的诗最有名的当属骆宾王的《于易水送人》：

易水送荆轲

易水湖畔

"此地别燕丹，壮士发冲冠。昔时人已没，今日水犹寒。"直到清代，荆轲刺秦王的故事与慷慨悲歌的文风仍余音袅袅，不绝如缕。明末义士夏完淳殉国时年仅 17 岁，他的诗词悲壮慷慨，充满民族气节，沈雄所著《柳塘词话》中称其为"慷慨淋漓，不须易水悲歌，一时凄感，闻者不能为怀"。陈维崧是清代最有成就的词人之一，他在词中屡屡述及燕昭王、燕太子丹、荆轲、高渐离以及项羽巨鹿之战、韩信井陉之战等燕赵之地的往事，如"关情处，燕昭乐毅，一时人物"，"便非公，万马压邯郸，城几下"，"铅筑无成，不信道，英雄竟死"，"十月悲风如箫叫，此地曾称巨鹿"，"欲倩燕姬，低弹赵瑟，一醉生平足"等等，他的词《南乡子·邢州道上作》中"秋色冷并刀，一派酸风卷怒涛。并马三河年少客，粗豪，皂栎林中醉射雕。残酒忆荆高，燕赵悲歌事未消。忆昨车声寒易水，今朝，慷慨还过豫让桥"极具慷慨之情。

其二，河北籍的文人骚客写出了大量具有"建安风骨"的优秀诗作。在历史上燕赵一带涌现了大量诗人、文学家，著名的如"初唐四杰"之一的卢照邻是幽州范阳人，"文章四友"之一的李峤是赵州赞皇人，"大历十才子"中的郎士元是中山人；李嘉佑是赵州人，李端是赵州人，司空曙是广平人，刘长卿是河间人，卢仝是范阳人，贾岛是范阳人，卢思道是范阳涿人，苏味道是赵州栾城人，李华是赵州赞皇人，张鷟是深州陆泽人。韩愈与柳宗元同为唐古文运动领袖，韩愈的郡望为昌黎，柳宗元自称其先世为中山人。

唐代文学家和哲学家
韩愈像

李峤像

这些燕赵一带的诗人、文学家不仅创作了许多脍炙人口的诗文，而且在他们的诗文中都或多或少地体现出燕赵文化的特质。如卢思道《从军行》一诗中"庭中奇树已堪攀，塞外征人殊未还"已成为千古名句，李峤的诗句"山川满目泪沾衣，富贵荣华能几时？不见至今汾水上，唯有年年秋雁飞"曾令唐玄宗听后凄然泪下。

八　燕赵建筑文化

河北遵化清东陵

古代建筑作为历史上劳动人民智慧的结晶和创造力的体现，是一个时代科学技术和文化艺术的综合体，也反映了一个时代社会经济、政治和意识形态的发展状况，具有很高的历史、科学和艺术价值。有人说它是历史的凝固，似不为过。河北大地背靠太行山和燕山山脉，面临渤海湾，其间河流纵横，地形复杂多变，是中华民族历史文明的发祥地之一。考古发掘证实，在一百五六十万年以前这里就有人类在繁衍生息，并创造了多种文化类型。作为环渤海考古文化的重要组成部分，其南部为中原文化，北部为草原文化，在燕山南北则形成了两种文化交融过渡

河北清东陵碑楼

的复杂形态。作为九州之首的古冀州之地，作为燕、赵、中山诸国纵横驰骋之域，作为自金迄清的京都所在和佐辅重地，其地上地下的文物遗存非常丰富。通过几十年的考古发掘，已将河北大地埋藏的一部自古人类以来的"史书"，连缀成系列。这是一部真实可信、形象具体、绚丽多彩的鸿篇巨著。作为历史文化综合体现的古代建筑，与丰富的地下遗存相互辉映，更是一番光彩夺目的景象。星罗棋布的诸多大型古城遗址和建筑基址就是其真实写照。不可挽回的历史性遗憾是其绝大多数在天灾人祸和军事战争中毁掉了。现存的只是

清东陵宫墙

其中极少部分的幸存者，它们历经沧桑，保存至今，显得弥足珍贵。尽管如此，河北大地现存的古建筑无论是数量，还是品类和规模，在全国仍具有重要地位。河北现存的古建筑具有几个明显特点：

一是成历史序列。自隋、唐、五代，经宋、辽、金，到元、明、清各代的建筑连绵不断，形成了完整的历史序列。

二是品类齐全。有宫殿、皇家园林、陵寝，有衙署、殿堂、宅第、祠堂，有长城、烽火台、关隘、卫城、地道、城楼，有钟楼、鼓楼、影壁、牌楼，有文庙、武庙、佛寺、古塔、经幢、道观、仙祠、神庙、清真寺、教堂，有戏楼、戏台，有桥梁、河闸，有驿站、驿道，

木兰围场秋景

有考棚、监狱，有粮仓等，可谓应有尽有，构成包罗万象的古建筑博物馆。

三是河北现存的古建筑有不少为全国仅有或少有，或为同类建筑的佼佼者。保定的直隶总督署、定州的考棚、怀来的驿城、深县的盈义仓、永清雄县的宋辽边关地道、邯郸峰峰的无梁阁、涉县凤凰山峭壁的蜗嫂宫、赵州陀罗尼经幢、正定广惠寺华塔等，均为全国仅有或少有。再如被誉为天下第一桥的赵州隋代安济桥，被誉为中华第一塔的定州料敌塔等。长城的河北部分更是精华所在，有明长城的起点老龙头、天下第一关——山海关，有气势雄伟的金山岭长城等。

山海关冬景

清东陵定东陵

　　四是大规模的古建筑群多，享誉世界被列入世界文化遗产名录的承德避暑山庄及周围寺庙，其磅礴之势世界难觅，遵化市的清东陵、易县的清西陵、正定的隆兴寺等，其规模之宏伟、建筑之高大都是全国少有的。

　　河北大地现存的古建筑是祖先留给我们的宝贵财富，是搞好河北物质文明和精

易县清西陵

神文明建设的重要物质资源。随着人们物质文化生活的不断提高和对外开放的不断扩大，古建筑成了国内外游客参观游览的热点，它不仅丰富了人们的文化生活，推动了当地的精神文明建设，还不同程度地促进了当地的经济发展。

燕赵文化